Illustrationen: Lisa Manneh
Gestaltung: Daniela Schulz
Textsammlung: Alexandra Löhr
Lektorat: Lea König, Pattloch Verlag
ISBN 978-3-629-11290-3
www.pattloch.de

2 4 5 3 1

Josef, ich hör schon die Englein singen!

Berauschende Weihnachten

Illustrationen von
Lisa Manneh

Pattloch*

Inhalt

Mark Spörrle

Umtausch inkognito

Als ich am ersten verkaufsoffenen Tag nach Weihnachten in die Innenstadt kam, strömte ins Kaufhaus schon eine Flut von vermummten Gestalten mit Tüten und Paketen.

Ich suchte mir einen ruhigen Platz in einem Hauseingang und rief noch einmal bei Tante Emilie an. »Hallo, Tante Emilie«, säuselte ich in den Hörer. »Schönes Wetter, nicht wahr? Was unternimmst du heute so?«

»Ich sitze im Wintergarten in der Sonne. Mit eurem Geschenk. So eine wunderschöne Vase! Aber was macht mein Geschenk?«

»Oh, dein Geschenk. Wir haben diesen tollen Porzellanpudel noch auf unserem Frühstückstisch stehen und bewundern ihn von allen Seiten«, log ich und versuchte, meiner Stimme einen gerührten Klang zu geben. »Und gleich suchen wir ihm einen sehr schönen Platz.«

»Aber einen sicheren«, rief Tante Emilie. »Er war sehr teuer!«

»Natürlich, Tante Emilie, natürlich«, beteuerte ich. »Einen sehr sicheren!«

Der Informationsschalter des Kaufhauses war dicht umlagert. »Umtausch ohne Kassenzettel aus Kulanz an der Sammelkasse im Tiefgeschoss«, schrie eine heisere Mitarbeiterin immer wieder.

Mit hochgezogenem Schal und tief ins Gesicht gezogener Mütze reihte ich mich in die Schlange im Tiefgeschoss ein.

»Du auch hier?«, fragte mich ein Unbekannter, der sich ohne Schlapphut als mein Kumpel Oliver entpuppte.

»Ja, leider«, sagte ich, öffnete meine Tüte und ließ ihn einen Blick auf den Porzellanpudel werfen. Oliver erschauderte. Dann wies er auf die Tasche in seiner Hand.

»Eine Schnapsglassammlung mit Geierwappen von meinem Bruder.«

»Warum mit Geierwappen?«, fragte ich.

Oliver zuckte die Schultern. »Das Problem bei solchem Kram ist: Man kriegt ihn nicht mal im Internet los. Und selbst wenn, ist das gefährlich. Erinnerst du dich an Marcel? Der hat von seiner Erbtante ein Benimmbuch bekommen. Er hat es am selben Abend bei eBay eingestellt und dazu geschrieben, es sei so abgrundtief schwachsinnig, dass es schon wieder Seltenheitswert habe.«

»Gab es Interessenten?«, fragte ich.

»Seine Erbtante«, sagte Oliver und zuckte plötzlich zusammen. »Mein Bruder«, zischte er und verschwand mit großen Sätzen in der Miederwarenabteilung.

Während ich weiter vorrückte, entdeckte ich weiter hinten in der Schlange eine Frau, die mich stark an Tante Emilie erinnerte. Noch dazu war die Art, wie sie ihre Brille geraderückte und sich wiederholt umsah, genau so, wie es Tante Emilie getan hätte, wenn sie mich in flagranti beim Umtausch ihres Geschenks hätte ertappen wollen.

Nur um mich zu beruhigen, wählte ich ihre Nummer.

Die Frau mit der Brille zog ein Handy hervor.

»Falsch verbunden«, flüsterte ich mit belegter Stimme und unterbrach die Verbindung.

Ich sah, wie Tante Emilie mehrfach etwas in ihr Handy rief und sich dann misstrauisch umblickte.

Geduckt zog ich mich hinter einen Ständer mit zerfledderten Weihnachtskarten zurück. Von dort konnte ich sehen, wie sie ihr Opernglas aus der

Handtasche zog und in alle Richtungen spähte.

»Kann ich Ihnen helfen?«, fragte hinter mir eine Verkäuferin und zog den Kartenständer zur Seite. Ich sprang schnell hinter den nächsten.

»Könnten Sie vielleicht diesen Porzellanpudel für mich umtauschen?«, erkundigte ich mich und zog das Monstrum aus der Tüte, während ich mit den Beinen den Kartenständer umklammerte.

Sie wandte sich angewidert ab, vermutlich, um Verstärkung zu holen.

Aus einem der Kleiderrondelle mit Damennegligés hatte man, wenn man die Knie etwas beugte, ohnehin einen besseren Blick. Ich teilte mir das Rondellinnere mit einer jungen Frau, die tränenüberströmt ihren Verlobten beobachtete, und einem älteren Paar, das beschloss, seinem undankbaren Neffen, der mit seiner neuen Krawattensammlung an der

Kasse stand, nichts, aber auch gar nichts zu vererben.

Allmählich schmerzten meine Knie.

Als ich mich kurz aus der Hocke aufrichtete, sah ich mich einer Frau gegenüber, die sich ein Spitzennachthemd vor die Brust hielt. Mit geweiteten Augen starrte sie mich an.

»Ich bin nur wegen meiner Tante hier!«, erklärte ich schnell.

Sie begann, mit dem Kleiderbügel auf mich einzuschlagen.

Es gelang mir schließlich, in einem der benachbarten Rondelle unterzutauchen, aber Tante Emilie hatte verdächtig gestutzt. Schlimmer noch, ich bemerkte, dass sie mit ihrem Opernglas genau in meine Richtung starrte. Dann zückte sie ihr Handy und in meiner Brusttasche klingelte es.

Und sie steuerte mit energischen Schritten genau auf mich zu.

Hastig floh ich in die nächstbeste Umkleidekabine. Drei Leute standen darin – eine Frau und zwei Männer, einer von ihnen war Oliver.

»Mein Bruder ist gerade weg«, raunte er und spähte durch den Vorhangschlitz nach draußen, »zu blöde, dass ich mich wieder ganz hinten anstellen muss.«

»Müssen Sie nicht«, flüsterte der andere, vollbärtige Mann, der Mütze und Kopfhörer trug. »Wir haben überall in der Schlange unsere Leute postiert.«

»Wer ist ›wir‹?«, fragte ich.

»Das tut nichts zur Sache«, sagte der Bärtige. »Nur so viel: Wir leben von Menschen, die nicht mit scheußlichen Geschenken leben wollen. Sie können beispielsweise den Platz der Frau in Weiß einnehmen. Oder den des jungen Manns mit der speckigen Jacke, der schon fast dran ist.«

Mir kam eine Idee.

»Könnte ich Ihren Mitarbeitern mein Geschenk zum Umtauschen auch übergeben? Wissen Sie, meine Tante ...«

»Natürlich können Sie das«, nickte der Bärtige und raunte einen Betrag.

Die Frau holte seufzend ein Bündel Scheine aus der Tasche und drückte es dem Bärtigen zusammen mit einer überdimensionalen Kuckucksuhr in die Hand.

Der Mann starrte sie an, riss sich die Mütze und einen falschen Bart herunter und brüllte wütend: »Julia! Wie kannst du mir das antun?«

»Ramon!«, schrie die Frau zurück. »Du bespitzelst mich! Du belügst mich! Und wenn du mich wirklich lieben würdest, wüsstest du, dass diese Uhr abscheulich ist!«

Im folgenden Schlagabtausch raffte ich Mütze und Bart an mich und verließ die Umkleidekabine gerade noch rechtzeitig, bevor das Kaufhauspersonal sie stürmte.

Obwohl Tante Emilie nirgendwo mehr zu sehen war, fühlte ich mich wesentlich besser, als ich mich verkleidet in die Schlange einreihte.

Die Kassiererin nahm den Porzellanpudel mit einem mitfühlenden Lächeln zurück.

Pfeifend entledigte ich mich meiner Kostümierung, drehte mich um – und blickte direkt in Tante Emilies Gesicht.

»Du? Du … du warst es also doch«, stammelte sie. »Ich wollte nur … Ich dachte nur … Also, ich habe doch schon so viele Vasen …«

Erst jetzt sah ich, was sie in den Händen hielt. Die Vase. Unsere Vase. Diese herrliche Vase, die meine Liebste und ich mühsam ausgesucht und ihr liebevoll geschenkt hatten!

Horst Evers

Die Weihnachtswurst von Nordenham

Die schönsten Weihnachtsmärkte der Welt
Prolog

Im Laufe der letzten zehn Jahre habe ich grob geschätzt circa dreiundachtzig verschiedene Weihnachtsmärkte im gesamten deutschsprachigen Raum besucht. Es gibt wohl, wenn überhaupt, nur wenige Menschen, die so viele unterschiedliche Weihnachtsmärkte besichtigen konnten und noch in der Lage und vor allen Dingen willens sind, über das Erlebte Zeugnis abzulegen.

Tatsächlich konnte ich mittlerweile feststellen, dass mehr oder weniger alle Weihnachtsmärkte eine relativ ähnliche innere Ordnung beziehungsweise Struktur haben. Die Kenntnis dieses grundsätzlichen strukturellen Aufbaus ermöglicht es mir, mich selbst auf den größten und unübersichtlichsten Weihnachtsmärkten sehr schnell und sicher zurechtzufinden. Das ist ein großer Vorteil und eine schöne Fähigkeit. Selbst auf dem weltweit wohl größten und berühmtesten Weihnachtsmarkt, dem Christkindlesmarkt in Nürnberg, erkenne ich praktisch auf den ersten Blick, wo die Toiletten sind. Eine wichtige Information. Wie bedeutsam sie ist, wird einem spätestens klar, wenn man sich nach Einbruch der Dunkelheit dabei ertappt, wie man sich immer wieder mal wünscht, alle Besucher des Christkindlesmarktes hätten auf einen Blick, oder zumindest doch ausreichend schnell erkannt, wo die Toiletten gewesen wären.

Schon dieses kleine Beispiel lässt erahnen, dass auch bei Weihnachtsmärkten, wie wohl bei allem im Leben, gilt: Wo viel Licht ist, da ist auch Schatten. Und leider irrt Bertolt Brecht eben doch, wenn er behauptet, die im Dunkeln sähe man nicht. Auf Weihnachtsmärkten oder am Rande der Weihnachtsmärkte sieht man sie sehr wohl, und nicht immer ist es ein Anblick, der das Leben oder auch nur den Abend wirklich bereichert.

Doch möchte ich lieber von der leuchtenden Pracht der Weihnachtsmärkte berichten. Dem Besonderen, denn jeder Weihnachtsmarkt hat auch seine ganz eigene, exklusive Note, häufig sogar eine Spezialität, für die er in der ganzen Welt berühmt ist: In Nürnberg gibt es die Lebkuchen, in Dresden den Stollen, in Chemnitz die Schnitzereien, in Aachen die Printen und in Spandau auf die Fresse. Aber auch die kleineren Weihnachtsmärkte haben durchaus ihre Spezialitäten …

Die schönsten Weihnachtsmärkte der Welt Folge 53: Die Weihnachtswurst von Nordenham

Auf dem Weihnachtsmarkt von Nordenham gibt es genau drei Buden. Rosis Glühweinstation, Ewalds Original Berliner Waffeln und Wurst-Didi. An der Bude von Wurst-Didi hängt eine Werbetafel: »Was wäre Weihnachten ohne die Weihnachtswurst von Wurst-Didi?«

Das ist eine gute Frage. Da habe ich so noch gar nicht drüber nachgedacht.

Die Weihnachtswurst von Wurst-Didi ist im Prinzip eine ganz normale Currywurst, nur dass über den Ketchup dann nochmal zwei bis drei gehäufte Esslöffel Lebkuchengewürz, Zimt und wohl auch Goldstaub gestreut werden. Nun, zurück zur Ursprungsfrage: Was also wäre Weihnachten ohne die Weihnachtswurst von Wurst-Didi?

Ein kleines bisschen schöner, denke ich.

Eigentlich wollte ich gar keine Wurst, ich hatte Pommes bestellt, aber Wurst-Didi konnte mich nicht verstehen, weil es neben den drei Buden noch eine vierte Attraktion auf dem Nordenhamer Weihnachtsmarkt gibt.

Die Kunsteisbahn, oder genauer gesagt, das Eislaufzelt, welches von einem kleinen verbitterten, luftgetrockneten Mann betrieben wird, der offensichtlich Weihnachten hasst oder Nordenham hasst oder beides, oder wahrscheinlich hasst er eigentlich sogar die ganze Welt. Zumindest dröhnt aus seinen bis über den Anschlag aufgedrehten Boxen ununterbrochen Musik von der Gruppe Scooter, eben in einer Lautstärke, die jegliche Kommunikation bis weit über den Marktplatz hinaus unmöglich macht und die letztlich eben auch dazu führt, dass ich jetzt Wurst-Didis Weihnachtswurst essen muss. Also offen gestanden weiß ich gar nicht, ob die Musikstücke wirklich alle von Scooter sind. Erkannt habe ich nur das Stück, wo H. P. Baxter immer »Hyper, Hyper« brüllt. Wobei alle anderen Stücke aber quasi genauso klingen, nur eben ohne »Hyper, Hyper«, also selbst wenn die eventuell nicht original von Scooter sind, dann sind sie doch zumindest sehr scooteresk.

Nordenhamer sind keine auf diesem Weihnachtsmarkt. Außer mir ist überhaupt kein Besucher auf diesem Weihnachtsmarkt. An einem Adventssamstagnachmittag. Fühle mich den vier Attraktionen gegenüber irgendwie verpflichtet. Die muss ich jetzt alle vier ganz alleine durchbringen. Kaufe auch eine Waffel und einen alkoholfreien Glühwein mit Schuss. Gerne hätte ich mit Glühwein-Rosi ein wenig über den Sinn oder Unsinn von alkoholfreiem Glühwein mit Schuss philosophiert, aber wegen der Scooter-Beschallung hat Rosi ein paar Riesenkopfhörer auf, mit denen sie vermutlich noch wieder was anderes hört. Vermutlich irgendwelche Entspannungs- oder Meditationsmusik. Das würde zumindest das Tempo ihrer Bewegungen erklären. Wobei Tempo hier eigentlich das völlig falsche Wort ist. Nachdem ich, wegen der Umstände wortlos, auf mein eigentliches Wunschgetränk, den alkoholfreien Punsch, gezeigt hatte, zeigt sie nur kurz kopfschüttelnd auf den alkoholfreien Glühwein mit Schuss und bereitet ihn dann in sehr … sehr ruhigen, anmutigen, in höchstem körperlichem Bewusstsein ausgeführten Bewegungen zu. Nachdem sie ihn mir überreicht und das Geld kassiert hat, kehrt sie dann wieder in ihre meditative Grundfigur, dem »traumwachen Kranich im Auge des Sturms« zurück.

Ich hingegen fühle mich nun bereit für meine vierte Prüfung und will mir die Schlittschuhe leihen. Der kleine, böse Mann bemerkt die Gefahr zu spät. Als ich plötzlich vor seiner Butze stehe und den Mund bewege, wird ihm wohl auch klar, dass ich mit ihm rede. Dann bewegt er auch den Mund. Wahrscheinlich unterhalten wir uns jetzt. Leider versteht man natürlich kein Wort, aber beide bewegen wir jetzt unsere Münder, und das ist ja das Wichtigste, dass man irgendwie miteinander redet. Nachdem wir so eine Weile beide angeregt unsere Münder bewegt haben, gibt er mir plötzlich ein Paar Schlittschuhe. Genau meine Größe. Keine Frage, rein fachlich kann ihm vermutlich als Schlittschuhverleiher kaum jemand das Wasser reichen. Ich gebe ihm wahllos ein paar Münzen aus der Hosentasche, er nickt.

Und dann, nur zwei Minuten später, laufe ich Schlittschuh. Zum ersten Mal seit über zwanzig Jahren. Es gibt Dinge im Leben, die verlernt man einfach nicht. So wie Fahrradfahren oder ohne Besteck und Hände Spaghetti essen oder seinen Namen in den Schnee pinkeln. Schlittschuhlaufen gehört leider nicht dazu. Das bemerke ich, als ich nach zwei Schritten hinknalle, vier Meter übers Eis schlittere und dann in die Bande krache.

Als ich kurze Zeit später die Schuhe zurückgebe, sehe ich, wie der verbitterte, luftgetrocknete Mann tatsächlich lächelt. Richtig breit und herzlich. Dann macht er plötzlich die Musik aus und flüstert »Danke« und gibt mir die Leihgebühr zurück. »Ist schon in Ordnung, Sie haben die Schuhe ja kaum zum Draufstehen benutzt.«

Auch Rosi, Ewald und Didi nicken mir fröhlich zu, als ich mich über den Marktplatz schleppe: »Das war mal eine schöne Abwechslung. Wollen Sie noch eine Weihnachtswurst? Geht aufs Haus!«

Ich lehne tapfer lachend ab, und die drei winken mir zum Abschied. Ich bin schon rund fünfzig Meter vom Markt entfernt, als ich plötzlich höre, wie »Hyper, Hyper!!!« wieder aufgedreht wird.

Karl Valentin

Winterstreiche

'S Weiberzammbinden« in der Christmette ist ein uralter Auer Brauch und soll schon aus dem sechzehnten Jahrhundert stammen – erzählen heute noch die alten Auer –, eine Gaudi wie das Geldbeutelwaschen am Aschermittwoch im Fischbrunnen am Marienplatz.

Natürlich war das für uns Auer Buben ein Gfrett. Der Mutter wurde zu Hause ein Stück – ungefähr zehn Meter – vom Waschstrick abgeschnitten, im Hosenbein versteckt, und um elf Uhr nachts trafen wir uns in der Christnacht bei irgendeinem Kameraden. Um zwölf Uhr gingen wir, wie alle anderen Leute, in die Mette, aber wir Buben drückten uns immer hinten herum bis zum Schluss. Dann nahm ich den Strick und drängte mich in einen Haufen alter Weiber.

Das andere Ende des Strickes hielt ein anderer von uns fest in der Hand und blieb standhaft auf seinem Platz stehen, bis ich wieder zu ihm kam; dann hatte ich mindestens schon zwanzig Weiberleut in meiner Schlinge. Am Schluss der Mette knüpften wir die zwei Enden zusammen und warteten nun, bis der Gottesdienst aus war und die Leut aus der Kirche gingen. Da hub auf einmal ein leises Schimpfen an – die Frauen konnten nicht mehr auseinander, und der ganze Pack wurde von der hinausströmenden Menge mitgezerrt bis auf die Treppe, worauf dann edeldenkende Herren und Damen den Strick aufknüpften und die Gefesselten befreiten. Nun ging erst das richtige Schimpfen los: »De Saubazi ham uns zsammenghängt, dene ghöreten fünfunzwanzig auf den Nackaten!«, und die gschertesten Auer Kraftausdrücke verhallten in der kalten Weihnachtszeit. – »Kyrie eleison!« –

Das Schönste im Winter war immer das Schlittenfahren am Isarberg. Von vier Uhr nachmittags an – also nach Schulschluss – bis zum Eintritt der Dunkelheit wurde gerodelt, die besseren Buben hatten Schlitten, die ärmeren nahmen gleich den Schulranzen. Der Berg war ziemlich lang und steil, und es gab natürlich fortwährend Karambolagen und nicht selten Verunglückte. Mit Kleinem fängt man an, und mit Großem hört man auf: Ich holte mit noch einem ganzen Haufen Buben auf unserem Lagerplatz einen riesigen Pferdeschlitten. Mit großer Mühe und letzter Kraftanstrengung wurde der schwere Koloss auf den Berg gezogen. Im Nu war er von zwanzig bis dreißig Buben besetzt, aber die Abfahrt ging nicht so leicht. Wer sollte uns über die Bergkante schieben? Wir konnten es doch nicht selbst, denn wir saßen ja alle auf dem Schlitten. Die Situation wurde sofort von den vorübergehenden Erwachsenen erfasst, und einige starke Männer schoben den vollbesetzten Schlitten über die Bergkrempe hinaus – aber schief! Der Schlitten überschlug sich ein paarmal! Und dann war wieder einmal ein Wunder geschehen, dass es keinen von uns dapatzt hatte. Dieses Experiment wurde sofort wiederholt.

Diesmal ging es richtig den Berg hinunter, aber leider zu weit: Der Schlitten machte, unten angekommen, an einem kleinen Hügel einen Sprung, als ob er von einer Skischanze spränge, und wir saßen bis über die Knie im Eiswasser. Wenn auch einer von uns am anderen Tag krank wurde, so bedeutete das kein Unglück, denn dann brauchte er nicht in die gräusliche Schule zu gehen, das war ja noch schöner als das Schlittenfahren, wenigstens für mich. Ich hätte jedes Schulhaus niederbrennen können!

Übrigens möchte ich hier erwähnen, dass einmal, es wird ungefähr 1892 gewesen sein, die Wagner-Weinberger-Buben von ihren Verwandten aus Norwegen drei Paar Ski geschenkt bekommen hatten und sie am Isarberg ausprobierten. Wir alle haben diese »Latten« angezogen und sind damit hinuntergerutscht. Aber nur einige Tage lang, denn wir waren nicht im geringsten begeistert von dieser Neuheit. Wir lehnten alle dieses fremde Zeug ab und kehrten zu unseren Rodelschlitten zurück. Ich kann mich also rühmen, außer den Weinberger-Buben einer der ersten Skifahrer in München gewesen zu sein. Bitte nachmachen!

Zum Wintersport gehörte auch das Fahren auf schwimmenden Eisschollen.

Mit einer Stange ausgerüstet stießen wir uns selbst vom Ufer los in die Isar und schwammen hinunter zur Isarlust. Hier ging es wegen der Schleusen nicht mehr weiter, und wir mussten dann wieder zur Fraunhoferbrücke hinauf, uns neue Platten loslösen, und wieder ging die Fahrt stromabwärts. Zerbrach einmal eine Scholle während der Fahrt, so standen wir bis über die Knie im Wasser, und es gab ein Mordshallo, wenn wir dann auf das Eis eines anderen Buben hinaufstiegen, das selbstverständlich hernach wegen der doppelten Last nicht mehr schwamm, sondern mit allen beiden Fahrgästen absackte. Mit gefrorenen Hosen kamen wir abends nach Hause: »Mutter, i kon nix dafür, der Tone hat mi heut ins Gwasch einigstessen!« Aber die Mutter glaubte mir gar nichts mehr und auch das war mir Wurst.

Einmal sind die Leute am Ufer des zugefrorenen Kleinhesseloher Sees zusammengelaufen und haben gelacht. Was gibt's denn da? Ein Bub steht händeringend auf dem Eis, hilflos allein, die Schlittschuhe rutschen ihm immer wieder unter den Füßen weg, er purzelt wie ein Besoffener, und jeder der Zuschauer denkt sich im Stillen: »Der Bua gstellt sich schon ganz saudumm zum Schlittschuhfahren.« Dieses Theater dauerte so einige Minuten. Plötzlich änderten sich die Gesichter der Zuschauer. Aus dem Lachen wurde ein Staunen. Denn der Bub machte plötzlich ein paar kunstvolle Schleifen, drehte sich in eine Acht, und mit einem Ansprung auf den Spitzen der Schlittschuhe sauste er im Renntempo über den See und entschwand den Blicken des enttäuschten Publikums, das mitten im Winter einem Aprilscherz zum Opfer gefallen war.

Die Adresse des Aprilscherzfabrikanten hieß: Valentin Fey, Entenbachstraße 63/I.

Anonym

Lichterhelle Weihnachtszeit

1. Advent: Besinnlich und friedlich soll sie werden, die Vorweihnachtszeit. Habe das auch meinem Nachbarn erläutert, der mir darin voll zustimmt. Die kalte Witterung lässt die Gedanken klarer hervortreten, der Alltag mit seinen dummen Streitereien tritt zurück und macht wirklich Wichtigem Platz. Mein Nachbar hat mir erzählt, dass er in diesem Jahr seine Tanne im Garten mit hübschen Lichtern schmücken will. Wegen der Stimmung. Finde das toll.

5. Dezember: Seit gestern hat mein Nachbar einen Tannenbaum illuminiert. Kleine Lämpchen, circa 20 Stück, weiß. Sieht hübsch aus, sagt die ganze Nachbarschaft. Habe beschlossen, solidarisch an der weihnachtlichen Ausschmückung der Nachbarschaft mitzuwirken, und mich darum im Baumarkt nach kleinen Lämpchen umgesehen. Natürlich sollten es nicht zu wenige sein, wegen der Wirkung. Erstand kurzentschlossen eine 50er-Lichterkette mit extrastarken Lämpchen, brillantweiß. Werde sie gleich heute Abend montieren.

7. Dezember: Komische Sache. Mein Nachbar scheint meinen Wunsch zur gutnachbarlichen Zusammenarbeit zwecks Verschönerung der Straße missverstanden zu haben. Heute Morgen waren bei ihm sämtliche Tannenbäume, zwei Kirschbäume und eine Plantane mit Lichterketten versehen. Eine flüchtige Zählung mit dem Feldstecher ergab im Durchschnitt circa 80 Lämpchen je Baum. Soll das etwa ein Wettkampf werden? Ist doch erwachsener Menschen unwürdig!

11. Dezember: Kam heute Mittag zufällig am Baumarkt vorbei. Wusste gar nicht, dass man bei Abnahme von 15 Lichterketten à 150 Leuchteinheiten Sonderrabatte erhält. Besonders effektvoll sollen blinkende Ketten sein, vorzugsweise die 250er-Einheiten mit Hochspannungssicherheitstransformator und induktivem Schalter. Will das Ganze aber nicht übertreiben, habe daher für die große Tanne lediglich zwei davon gekauft. Komme unter Einsatz von zwei Gummibäumen auf jetzt 14 illuminierte Gewächse. Ein Hauch des Friedens geht von meinem Garten aus.

13. Dezember: Eine Kampfansage! Mein verschwendungssüchtiger Nachbar hat den kompletten Zaun mit Leuchtkörpern behängt. Circa 1000 rhythmisch blinkende Lampen in den geschmacklosesten Farben. Was für eine proletarisch-billige Form der Weihnachtsbeleuchtung! Das bestätigte mir auch mein Elektriker, der an unserer Fassade Leuchtsterne und biblische Motive angebracht hat und meinte: »Wenn schon Beleuchtung, dann aber mit leuchtstarken Halogenstrahlern wie diesen hier!«

16. Dezember: Die rhythmisch blinkenden Figuren an sämtlichen Fenstern des Nachbarn verursachen mir seit Tagen schlimme Kopfschmerzen, die auch bei Betrachtung meiner neu angebrachten 5000 Watt Lichtbogenhimmelsstrahler nur unwesentlich besser werden. Sie werfen rhythmisch zuckende Lichtfinger in den wolkenverhangenen Himmel und geben einen interessanten Kontrast zu den lasergesteuerten Beamern, die auf die Wolken grell leuchtende Bilder mit Szenen aus der Weihnachtsgeschichte malen. Dagegen sind die neu installierten Lauflichter an den Fassadenkanten des Hauses meines intriganten Nachbarn geradezu lächerlich.

19. Dezember: Hatte heute Besuch eines Technikers der städtischen Stromwerke, der den enormen Anstieg meines Stromverbrauchs für einen Defekt im Leitungssystem hielt. Unsere Unterhaltung wurde stark gestört durch das elektrische Glockenspiel auf dem Nachbargrundstück, das mit 38 Kupferglocken die bekanntesten 40 Weihnachtslieder erklingen lässt. Der Techniker empfahl mir, einen 20KV Industrietrafo einbauen zu lassen und im Abrechnungssystem auf eine Gewerbeabrechnung für mittelgroße Betriebe umzusteigen, wegen der günstigeren Grundgebühren. Beim Weggehen meinte er kopfschüttelnd, ob ich nicht etwas gegen dieses Glockengeläut unternehmen wolle. Zeigte ihm meine neuen 2000 Watt Außenlautsprecher mit Ultra-Subwoofern und die dazugehörige Abspielstation für die CD mit dem Lied »Stille Nacht«. Gehe heute Abend auf Sendung.

20. Dezember: Habe einen weiteren Beamer installiert, der auf das Garagentor die Neuverfilmung der Geschichte Christi projiziert. In Reserve halte ich noch eine Kopie des Films »Die zehn Gebote«. Da kann mein geschmackloser Nachbar mit seinen Außenlautsprechern und dem Hörspiel der Weihnachtsgeschichte natürlich einpacken, zumal der Schneewerfer auf meinem Dach durch die erzeugten Schneemengen alle Geräusche stark zu dämpfen pflegt. Mehrere strategisch angebrachte Heizstrahler halten meine beleuchteten Gartenbäume schneefrei.

22. Dezember: Die Menschenmassen in unserer Straße nehmen langsam unübersehbare Ausmaße an. Dabei kann ich voller Stolz feststellen, dass das Ausblasen von feinen Silbersternen vor dem Haus die allgemeine Bewunderung auf diese Seite der Straße konzentriert. Da kann auch das Rentiergespann meines Nachbarn nichts dran ändern. Zumindest seit ich einen Stand für Getränke und Gebäck eingerichtet habe.

24. Dezember: Etwas Merkwürdiges ist passiert. Die Stadtverwaltung hat alle weihnachtlichen Zurschaustellungen in meiner Straße verboten, mit dem völlig irrelevanten Argument, hier werde ein nicht genehmigter Weihnachtsmarkt abgehalten. Bin fassungslos. Und das an Weihnachten, dem Fest des Friedens und der Besinnung!

Joachim Ringelnatz

Einsiedlers Heiliger Abend

Ich hab' in den Weihnachtstagen –
Ich weiß auch, warum –
Mir selbst einen Christbaum geschla-
gen,
Der ist ganz verkrüppelt und krumm.

Ich bohrte ein Loch in die Diele
Und steckte ihn da hinein
Und stellte rings um ihn viele
Flaschen Burgunderwein.

Und zierte, um Baumschmuck und
Lichter
Zu sparen, ihn abends noch spät

Mit Löffeln, Gabeln und Trichter
Und anderem blanken Gerät.

Ich kochte zur heiligen Stunde
Mir Erbsensuppe und Speck
Und gab meinem fröhlichen Hunde
Gulasch und litt seinen Dreck.

Und sang aus burgundernder Kehle
Das Pfannenflickerlied.
Und pries mit bewundernder Seele
Alles das, was ich mied.

Es glimmte petroleumbetrunken
Später der Lampendocht.
Ich saß in Gedanken versunken.
Da hat's an der Tür gepocht.

Und pochte wieder und wieder.
Es konnte das Christkind sein.
Und klang's nicht wie Weihnachts-
lieder?
Ich aber rief nicht: »Herein!«

Ich zog mich aus und ging leise
Zu Bett, ohne Angst, ohne Spott,
Und dankte auf krumme Weise
Lallend dem lieben Gott.

Evelyn Sanders

Weihnachtspost

»Hast du den Weihnachtsgruß für Hildchen schon fertig?«

»Nein!«, kam die prompte Antwort aus dem Nebenzimmer, »und ich gedenke auch nicht, ihr wieder einen zu schicken. Für den letzten hat sie sich nicht mal bedankt.«

»Hattest du das etwa erwartet?«

Hildchen heißt eigentlich Hildegarde (mit e am Ende) und ist Rolfs Cousine. Nach ihrer Ansicht einst zu Höherem geboren, wurde sie doch nur die Gattin eines Sachbearbeiters der mittleren Besoldungsstufe; immerhin ist er Beamter gewesen, wenn auch ein früh dahingeschiedener. Nach Rolfs Ansicht war sein angeheirateter Cousin an Resignation gestorben – nicht wegen der eintönigen Tätigkeit im Landratsamt, sondern wegen des Vornamens seiner Frau. Hildegarde legte (und legt immer noch) großen Wert auf die deutliche Artikulierung ihres Namens, und sobald ihr Mann sie ›Hildchen‹ oder gar ›Hildekind‹ nannte, pflegte sie ihn mit hochgezogenen Augenbrauen daran zu erinnern, dass ihr Taufname Hildegarde laute und sie auch mit diesem anzureden sei.

»Oder sage ich etwa Siggi zu dir?«

»Leider nicht!«, murmelte er in solchen Fällen, denn er hasste seinen eigenen Namen. Zu verdanken hatte er ihn jener Zeit, als ein Mann blond sein und blaue Augen haben musste, um dem damaligen Hirngespinst von der so genannten Herrenrasse zu genügen. Bedauerlicherweise kam das Kind mit einem fast schwarzen Haarschopf auf die Welt, der später in ein unbestimmbares Braun umschlug, während sich seine Augenfarbe irgendwo zwischen Grün und Grau einpendelte. Also musste wenigstens sein Name nordisch klingen, und so wurde aus dem eigentlich vorgesehenen Heinz-Werner ein Sigurd. Mit Nachnamen Pahlke.

Ich mag Frau Pahlke nicht, und Rolf findet auch, dass Cousinen in der Verwandtschaftshierarchie viel weiter unten anzusiedeln seien, als der Stammbaum es vorschreibt. Nach seiner Ansicht sind Cousinen sogar völlig überflüssig. Zum Glück hat er nur die eine.

Ein Zusammentreffen gibt es nur anlässlich großer Familienfeiern, die jedoch immer seltener stattfinden und sich zunehmend auf Beerdigungen reduzieren. Um die kann man sich aber speziell im Winter herumdrücken mit dem Hinweis auf verschneite Autobahnen und die daraus resultierenden chaotischen Verkehrsverhältnisse. Jedenfalls hatte *ich* Hildegarde schon seit vier Jahren nicht mehr gesehen, während Rolf ihr in Unkenntnis ihrer Anwesenheit direkt in die Arme gelaufen war, als er seine Mutter besuchte. In jenem Jahr bekam er zum ersten Mal einen Weihnachtsgruß mit Barockengel vorne drauf und vielen guten Wünschen zum Christfest von deiner Hildegarde.

Wir schickten eine Karte zurück – ohne Engel, aber mit den Heiligen Drei Königen, die etwas verblüfft in die Krippe schauten; es lagen nämlich Zwillinge drin. Vielleicht würde ihr ja diese Verfremdung der Heiligen Familie missfallen. Hatte es aber nicht, und nach zweimal Weihnachten und dem damit verbundenen Kartentausch setzte ich Hildegarde endgültig auf unsere Bloß-nicht-vergessen-Liste – als Nummer 32.

Nun bin ich kein großer Freund von diesen vorgefertigten Klappkarten, die man als Zehnerpack ab Mitte November in jedem Supermarkt findet; ich kaufe lieber neutrale Kärtchen und bastle die Dekoration selber. Jedenfalls nehme ich mir das immer wieder vor. Ein paar schaffe ich auch, doch dann wiederholt sich jedes Jahr das gleiche Spiel: Ich drücke Rolf den Stapel Karten nebst Adressenliste in die Hand mit dem beiläufigen Hinweis, ich müsse mich von der Plätzchenbackerei über die Tiefkühlgans bis zu der noch vor dem Fest dringend benötigten Heizöllieferung um alles Übrige kümmern, von den Geschenken gar nicht zu reden, und deshalb könne er wenigstens die Weihnachtspost übernehmen; schließlich habe er einstmals diverse Semester in der Kunstakademie abgesessen, während ich im Zeichnen immer eine Vier gehabt hatte.

Rolf verspricht auch regelmäßig Mithilfe und hat am zweiten Advent tatsächlich schon einige Karten mit Bleistiftskizzen versehen, die Feinarbeit wird er noch in der kommenden Woche erledigen. Macht er auch, doch dabei bleibt es, weil Werbemenschen nämlich besonders in der Vorweihnachtszeit ständig unter Zeitdruck stehen. Behaupten sie und verschwinden mit gehetztem Blick und ein paar Papieren unterm Arm, sobald ihnen die zunehmende Hektik im sonst doch verhältnismäßig ruhigen Haushalt auf die Nerven geht.

Das Thema Weihnachtspost endet schließlich damit, dass ich erst den Winterbasar vom Kindergarten nach selbst gebastelten Karten abgrase (pro Stück 1 Euro) und dann die Adventsausstellung der Gesamtschule, da wird man auch immer fündig.

Die Karten sind zwar noch ein bisschen teurer, sehen aber auch professioneller aus, und außerdem tut man ja ein gutes Werk: Mit den Einnahmen – Kaffee, Kuchen und Glühwein gibt es in der Aula – soll nämlich die von der 6. Klasse geplante Landschulheimwoche auf Rügen finanziert werden.

Im letzten Jahr hatte Cousine Hildegarde zu jenen Glücklichen gehört, die eine von Rolf illustrierte Karte bekam: Ein übergewichtiger Weihnachtsmann hatte breitbeinig in einem Sessel mit Blick zum überladenen Christbaum geruht und genießerisch Schokoladenkekse in sich hineingestopft, die er aus seinem geöffneten Sack herausholte. Daneben hatte ein großer fetter Hund mit Fusselfell geruht. (Hildegardes vierbeinige Nackenrolle war nämlich kurz nach ihrem tief betrauerten Ableben durch »Schnauzi« ersetzt worden, ein etwas größeres Tier unbestimmter Rasse, in dem Rolf eine Mischung aus Hängebauchschwein und Angoraziege vermutete.) Sein signiertes

Werk hatte der Künstler mit der Unterzeile versehen: »Auch ein Weihnachtsmann braucht mal 'ne Pause!«

So weit – so gut! Weniger gut erschien mir allerdings die frappierende Ähnlichkeit zwischen der Karikatur und Hildegardes bärbeißigen Gesichtszügen. »Musste das sein?«

»Ist mir gut gelungen, nicht wahr?«, hatte sich Rolf gefreut und die Falte am rechten Mundwinkel noch etwas vertieft, »ich habe dabei auch intensiv an meine Cousine gedacht.«

Was sich die Cousine beim Empfang der Karte gedacht hatte, haben wir begreiflicherweise nie erfahren …

Doch zurück zu den vorweihnachtlichen Aktivitäten: Die Karten sind inzwischen geschrieben, es sind sogar ein paar übrig geblieben, aber das schadet nichts, denn erfahrungsgemäß trudeln in den letzten Tagen vor dem Fest häufig Grüße ein von jenen Freunden und Bekannten, die man noch nicht auf der Liste hat. Jedenfalls werde ich es nie mehr schaffen, ohne Briefschulden ins neue Jahr zu gehen.

Spätestens in der letzten Woche vor dem Fest müssen die Karten in den Briefkasten. Die Marken fehlen noch, aber das macht nichts. Rolf will sowieso zur Post wegen des geänderten Firmenlogos, das muss noch heute per Eilboten raus. Wenig später erfährt er, dass sich die Sache erledigt hat, es soll nun doch beim ersten Entwurf bleiben. Als mir die Briefmarken wieder einfallen, hat die Post bereits zu. Morgen aber ganz bestimmt!

Der nächste Tag beginnt mit Schneeschippen. Die halbe Nacht lang hat's geschneit, und es schneit auch tagsüber weiter. Wir schippen abwechselnd, Bewegung an der frischen Luft ist gesund. Merkwürdig nur, dass das Grundstück jetzt viel größer ist als im Sommer! Der Weg ist auch breiter geworden. Als uns die nicht beschippte Garage einfällt, liegt der Schnee vor der Zufahrt bereits einen halben Meter hoch. Auch egal, zu essen ist genug im Haus, und Brot gibt's notfalls an der Tanke, die paar hundert Meter kann man zu Fuß gehen …

Offenbar waren andere Schneegeschädigte mit dem gleichen Gedanken schon vor mir dort gewesen, Brot ist alle. Ob's vielleicht was anderes sein dürfte, Kuchen zum Beispiel? Nusskuchen mit Appenzeller schmeckt aber nicht. Eine Nachbarin kann aushelfen, sie ist allein stehend und braucht nicht so viel Brot. Das merkt man, die Scheiben wellen sich schon etwas am Rand, doch wenn man sie über dem Käse zusammenklappt, merkt man es kaum.

Weihnachten ist wieder einen Tag näher gerückt, und die Post stapelt sich immer noch auf dem Schränkchen gleich neben dem Telefon, da liegt sie griffbereit, und man wird dauernd daran erinnert.

Die Garage ist inzwischen frei geschaufelt, aber der Wagen springt nicht an. Warum nicht? Ich tippe auf die Batterie, der einzig plausible Grund, weshalb ein vor 36 Stunden noch völlig intaktes Auto keinen Ton mehr von sich gibt. Rolf meint, die Batterie könnte es nicht sein, die sei ja noch relativ neu, erst anderthalb Jahre alt. Na und? Unser neuer Fernseher hatte schon nach sechs Wochen seinen Geist aufgegeben und musste ausgetauscht werden.

Der Kfz-Mechaniker vom Autohaus ist zehn Minuten später da und hat den Defekt sofort gefunden. »Ham Sie mal'n Hammer?«

In der Garage findet sich keiner, aber ein Schraubenschlüssel tut's auch. Drei gezielte Schläge irgendwo vorne – die aufgeklappte Motorhaube versperrt mir die Sicht –, dann die Anweisung: »Starten

Sie mal!« Ich tu's, und sofort setzt das vertraute Geräusch ein.

»Sie sollten den Anlasser wechseln lassen!«, sagt der Mann im grünen Overall. »Das kann jetzt ein halbes Jahr lang gut gehen, kann aber auch morgen wieder nicht mehr gehen!«

»Aha. Und was ist, wenn's schon morgen nicht mehr geht?«

»Dann müssen Sie hier draufhauen!« Er zeigt mir die neuralgische Stelle, ich nehme mir vor, sie gleich nachher irgendwie zu kennzeichnen (Nagellack ist in solchen Fällen ganz hilfreich, er geht nicht so schnell ab), aber der Anlasser hält bis nach Neujahr durch, dann wird er durch einen neuen und äußerst preiswerten ersetzt. Hatte ich gedacht. Es war aber nur meine erste Euro-Rechnung gewesen.

An die Post hatte ich natürlich nicht mehr gedacht, die lag immer noch neben dem Telefon, obwohl ich sie doch hatte mitnehmen wollen. Wenigstens hatte ich Briefmarken gekauft.

Bei dem letzten halben Dutzend fehlten noch die Postleitzahlen, hätte ich schon längst heraussuchen müssen. Egal, mache ich gleich nach dem Abendessen, denn morgen ist wirklich letzter Absendetermin.

Und plötzlich waren tatsächlich alle weg. Der Platz neben dem Telefon war wieder frei (und schrie nach einer gründlichen Behandlung mit dem Staublappen), und als ich meinen gegen Abend heimkehrenden Ehemann fragte, ob er die Post mitgenommen habe, nickte er bestätigend.

Halleluja, für dieses Jahr hatte ich's mal wieder geschafft! Vierundfünfzig Weihnachtsgrüße hatten wir verschickt! Und einundsiebzig erhalten, wie eine spätere Zählung ergab, acht mehr als im letzten Jahr! Von Hildegarde war übrigens keiner darunter gewesen.

Nachtrag:

Als im Frühjahr an Rolfs Wagen die Winterreifen gegen die leichtere Sommerkollektion ausgewechselt worden waren und Sohn Sven das erste Viertel seines Gutscheins (4x Handwäsche nebst kompletter Innenreinigung!) einlösen wollte, räumte er natürlich auch den Kofferraum aus. Neben einer verstaubten Wolldecke und zwei nicht weniger verstaubten Toilettenpapierrollen brachte er noch den von seinem Vater seit langem vermissten Reserveschlüssel mit. »Hat alles unter der Abdeckung gelegen! Das Knäckebrot und die korrodierte Taschenlampe habe ich allerdings gleich entsorgt und die Briefe in den Kasten geworfen.«

»Welche Briefe?«

»Weiß ich doch nicht! Die waren wohl nach hinten gerutscht und sind auch ein bisschen dreckig geworden, aber die Adressen konnte man noch deutlich lesen.«

Mir schwante sofort das Richtige, und Rolf stritt auch gar nichts ab. Er hatte nicht mal ein schlechtes Gewissen. »Jeder darf gelegentlich was vergessen!«

»Ich verstehe bloß nicht, wie man hinterher auch noch so dämlich sein kann!«, trumpfte ich am Schluss meiner Gardinenpredigt auf. »Von deiner Schlamperei hätte doch niemand was mitgekriegt, wenn du die Briefe einfach weggeworfen hättest!«

»Und weshalb hätte ich das tun sollen?«, kam es erstaunt zurück. »In neun Monaten ist doch schon wieder Weihnachten!«

Tanja Kinkel

Der Wind und die Weide

Als der Wind im Frühling begann, um die Weide zu werben, wies sie ihn ab. Schließlich war sie ein vernünftiger junger Baum.

»Aber«, sagte der Wind, »wir sind füreinander geschaffen, spürst du das nicht?« Und er hauchte in ihre Zweige, die sich hoben, nur ein wenig, schließlich wollte er sie nicht erschrecken.

»Du bist nicht treu«, erwiderte die Weide. »So manche Tanne und Eiche im Wald spricht davon, wie du sie verführt hast. Du bist noch nicht einmal einer Art treu. Die Schwalben erzählen mir, dass du ständig mit dem Schilfrohr kokettierst.«

»Aber ich würde dich anders lieben als all die anderen«, protestierte der Wind und nahm sich gleichzeitig vor, die Schwalben gehörig in die falsche Richtung zu blasen, wenn sie im Herbst nach Süden aufbrachen.

»Du bist überall und nirgends«, fuhr die Weide fort, ohne seinen Einwand zu beachten, und streckte ihre Wurzeln noch etwas tiefer in das Erdreich. »Wir Bäume sind häuslich. Was soll ich mit einem Gefährten, der so ganz anders ist als ich?«

Da umstrich sie der Wind doch ein wenig stärker und es war ihr, als verlören die Zweige alles Schwere und könnten schweben. Es war ein eigenartiges, ganz und gar verwirrendes Gefühl.

»Eben weil wir so verschieden sind«, raunte der Wind, »ergänzen wir uns so gut.«

Die Weide wiegte sich in seiner Umarmung, und obwohl sie darum kämpfte, nicht völlig die Beherrschung zu verlieren, musste sie sich doch eingestehen, dass diese Werbung unendlich berückender war als das vorsichtige Tasten der Wurzeln einer nachbarlichen Tanne. »Wenn ich dir mein Herz schenke«, seufzte sie schließlich, »wird es für immer sein. Die Liebe eines Baumes wankt und weicht nicht, wenn sie einmal gegeben wird. Kannst du sie so lange erwidern?«

»Auf ewig, Geliebte«, schwor der Wind feurig und sammelte Blütenstaub von der Wiese, um den neuen Bund zu feiern. Die Weide war umgeben von flirrenden goldenen und roten Wirbeln, und selbst die neidischen Buchen mussten zugeben, dass sie in diesem Moment der schönste Baum im Wald war.

Eine Zeitlang waren Wind und Weide glücklich miteinander. Die Weide wuchs und gedieh, um dem Wind noch mehr

von sich selbst überlassen zu können, und selbst wenn er sie verließ, wie er es hin und wieder tun musste, so trug er doch stets einige Blätter mit sich, um an sie zu denken.

Als ihr die Schwalben erzählten, dass der Wind erneut mit dem Schilfrohr am Fluss tändelte, wollte sie es zunächst nicht wahrhaben. Doch schließlich ließ sie ihre Zweige ein wenig tiefer hängen und sagte sich, sie habe von Anfang an gewusst, dass der Wind niemals nur der ihre sein würde. Solange er sie jedoch am meisten liebte und nur ihr Loblied sang, wenn er über das Land zog, so lange würde sie sich darüber hinwegtrösten.

Dann aber, als der Frühling zum Sommer wurde, ließ sich der Wind immer weniger und weniger spüren. Oft kam er nur kurz und blies halbherzig und lustlos in ihre Zweige.

»Liebst du mich nicht mehr?«, klagte die Weide.

»Natürlich liebe ich dich. Ich wünschte nur, du würdest etwas fröhlicher sein. Wie die Pinien im Süden – immer recken sie sich in die Höhe, aber du, du lässt deine Zweige immer tiefer sinken. Du lässt dich gehen.«

»Ich bin eine Weide und keine Pinie«, erklärte die Weide würdevoll, während ihr insgeheim das Herz brach. »Das wusstest du, als du um mich warbst. Wenn dir das nicht genügt, so geh und komme nicht wieder. Ich werde gewiss nicht versuchen, eine andere zu sein, als die, die ich bin.«

Da sauste der Wind beleidigt von dannen. Tage vergingen, Wochen, und er kehrte nicht zurück. Eine große Dürre legte sich über das Land, und im Wald begannen die Bäume, unter den erbarmungslosen Strahlen der Sonne, die kein Lüftchen linderte, ihre Blätter und Nadeln lange vor der Zeit zu verlieren. »Wo bleibt der Wind?«, riefen die Bäume. Nur die Weide blieb stumm. Die Schwalben boten ihr an, für sie nach dem Wind Ausschau zu halten und ihn in ihrem Namen zu bitten zurückzukehren, aber die Weide, ihre aufreißende Rinde nicht beachtend, weigerte sich. Sie hatte ihren Stolz.

Bäume waren unbewegliche Wesen, aber jeder Vogel wusste, dass es Zeiten gab, in denen man auf andere angewiesen war. Eine der Schwalben hielt es endlich nicht länger aus und machte sich auf die Suche nach dem Wind. Im Norden entkam sie nur um Schnabelbreite einigen Jägern, die sie erlegen wollten, und als sie in westlicher Richtung flog, wurde sie beinahe von einem Adler gefangen. Er schlug knapp neben dem Kaninchenbau zu Boden, in den sich die Schwalbe geflüchtet hatte. Sie nahm all ihren Mut zusammen und zwitscherte, ehe der Adler sich grollend wieder erheben konnte:

»König der Lüfte, weißt du, wo der Wind sich verbirgt?«

»Lange habe ich ihn nicht mehr gespürt«, entgegnete der Adler schnarrend, »aber es heißt, er zöge durch die Wüsten im Süden, wo es keine Bäume gibt.«

Die Schwalbe dankte ihm. Als sie sicher sein konnte, dass er weit genug entfernt war, wagte sie sich wieder in die Höhe. Tage und Nächte vergingen, und es war hart für die arme Schwalbe, ganz ohne Wind Berge und schließlich das Meer zu überqueren, um zu den Wüsten im Süden zu gelangen. Aber sie dachte an den Wald und alle Tiere, die in ihrer Heimat langsam in der Dürre vergingen, und flog weiter.

Völlig erschöpft traf sie schließlich in der Wüste ein, und dort musste sie nicht mehr lange suchen. Wütend, erbittert und brüllend trieb der Wind den Sand vor sich her.

»Halt ein!«, reif die Schwalbe, doch der Wind hörte ihr Stimmchen nicht. Sie schrie und schrie, und fast hätte er sie in Sand erstickt, bis er endlich verstand, was das Vöglein rief. Dann hielt er inne und trug sie zu einer Oase, damit sie miteinander reden könnten.

»Bittet meine Weide flehentlich um meine Rückkehr?«, fragte der Wind freudig. Er vermisste sie fürchterlich und hatte sehnlichst darauf gewartet, dass sie ihm eine Botschaft sandte. Nur von allein wollte er nicht zurückkehren; auch er hatte seinen Stolz.

»Nun ja«, begann die Schwalbe. »Ganz gewiss tut sie das. Sie seufzt und klagt den ganzen Tag um dich.«

»Das sieht ihr ähnlich«, sagte der Wind zufrieden und kehrte mit Macht in den Wald zurück, in dem die Weide wuchs. So schnell fegte er durch die Länder, dass der Schwalbe, die er mit sich trug, war, als bräuchten sie nur einen Herzschlag für jedes Land.

Doch als sie die letzte Hügelkuppe vor dem Wald hinter sich ließen, hielt der Wind jäh inne. Der Schreck, der ihn erfüllte, war so tief, dass jeder Wassertropfen im Himmel erstarrte und mitten im Sommer als Schnee auf die Erde herabfiel.

»Weide«, rief der Wind, »meine Weide, wo bist du?« Denn in den Wald waren tiefe Wunden geschlagen worden. Überall gab es neue Lichtungen, wie kahle Narben im Grün, und dort, wo die Weide gestanden hatte, klaffte nur noch ein tiefes Loch.

»Was ist geschehen?«, zwitscherte die Schwalbe. Die übrigen Vögel erzählten ihr, dass die Menschen in den Wald gekommen und Bäume herausgerissen hätten.

Untröstlich fuhr der Wind auf der Suche nach seiner Weide hierhin und dorthin, aber es war zu spät. Er fand Wagen auf den Straßen, die andere Bäume trugen, doch seine Weide fand er nicht.

»Du selbstsüchtiger Wind«, murmelte die Tanne, die neben der Weide gestanden hatte, als der Wind in den Wald zurückkehrte. »Du hast ihr das Herz gebrochen, und schließlich spaltete sie sich selbst entzwei, um nicht länger ohne dich zu sein. Deswegen wählten die Menschen sie aus. Der Baum ist schon dahin, sagten sie, der gibt ein gutes Feuerholz.«

Der Wind gab ihr einen wütenden Stoß, doch er konnte nicht widersprechen. Traurig und wütend zog er über das Land, immer noch in der Hoffnung, irgendwo die Weide zu finden, auf irgendeine Weise, und obgleich das Schilf nach ihm rief, blieb er nie, um zu plaudern. »Weide«, klagte er nur, »meine Weide!« Doch von nirgendwo kam eine Antwort.

»Was für ein fürchterliches Jahr«, sagten die Menschen zueinander. »Erst die Dürre, und jetzt nichts anderes als Stürme und ewiger Regen!« Niemand trat öfter aus dem Haus als unbedingt nötig.

Bald schon kam der Winter, und überall wurden die Kamine beheizt, um zumindest etwas Wärme zu spenden, denn durch die Straßen pfiff und heulte der Wind so grimmig, als habe er nie etwas anderes getan.

Dann, plötzlich in der Weihnachtsnacht, legte sich Stille über das Land. Eine helle, weiße Rauchwolke trieb über die roten Ziegeldächer einer Stadt. Sie verteilte sich nicht, sondern sammelte jeden neuen Stoß aus den Kaminen, bis sie ganz dicht war, wie ein Halsband aus tausend kleinen Perlenschnüren.

»Wind«, summte sie. »Wind?«

»Bist du es?«, rief er ungläubig. »Weide? Meine Weide?«

»Ja«, seufzte sie.

Da stürzten sie aufeinander zu und umarmten einander. Der Rauch, zu dem die Weide geworden war, wurde eins mit dem Wind. Und wenn sie einander je wieder losließen, so hat doch kein Geschichtenerzähler davon erfahren.

Toni Lauerer

Der Apfent – Eine kleine Weihnachtsgeschichte

Der Apfent ist die schönste Zeit vom Winter. Die meisten Leute haben im Winter eine Grippe. Die ist mit Fieber. Wir haben auch eine, aber die ist mit Beleuchtung und man schreibt sie mit K.

Drei Wochen bevor das Christkindl kommt, stellt Papa die Krippe im Wohnzimmer auf und meine kleine Schwester und ich dürfen mithelfen.

Viele Krippen sind langweilig, aber die unsere nicht, weil wir haben mords tolle Figuren drin. Ich habe einmal den

Josef und das Christkindl auf den Ofen gestellt, damit sie es schön warm haben, und es war ihnen zu heiß. Das Christkindl ist schwarz geworden und den Josef hat es auf lauter Trümmer zerrissen. Ein Fuß von ihm ist bis in den Platzlteig geflogen und es war kein schöner Anblick. Meine Mama hat mich geschimpft und gesagt, dass nicht einmal die Heiligen vor meiner Blödheit sicher sind.

Wenn Maria ohne Mann und ohne Kind herumsteht, schaut es nicht gut aus. Aber ich habe gottseidank viele Figuren in meiner Spielzeugkiste und der Josef ist jetzt der Donald Duck. Als Christkindl wollte ich den Asterix nehmen, weil der ist als Einziger so klein, dass er in den Futtertrog gepasst hätte. Da hat meine Mama gesagt, man kann doch als Christkindl keinen Asterix hernehmen, da ist ja das verbrannte Christkindl noch besser. Es ist zwar schwarz, aber immerhin ein Christkindl.

Hinter dem Christkindl stehen zwei Oxen, ein Esel, ein Nilpferd und ein Brontosaurier. Das Nilpferd und den Brontosaurier habe ich hineingestellt, weil der Ox und der Esel waren zu langweilig.

Links neben dem Stall kommen gerade die heiligen drei Könige daher.

Ein König ist dem Papa im letzten Apfent beim Putzen heruntergefallen und war dodal hin. Jetzt haben wir nur mehr zwei heilige Könige und einen heiligen Batman als Ersatz.

Normal haben die heiligen drei Könige einen Haufen Zeug für das Christkindl dabei, nämlich Gold, Weihrauch und Pürree oder so ähnlich.

Von den unseren hat einer anstatt Gold ein Kaugummipapierl dabei, das glänzt auch schön. Der andere hat eine Marlboro in der Hand, weil wir keinen Weihrauch haben. Aber die Marlboro raucht auch schön, wenn man sie anzündet.

Der heilige Batman hat eine Pistole dabei. Das ist zwar kein Geschenk für das Christkindl, aber damit kann er es vor dem Saurier beschützen.

Hinter den drei Heiligen sind ein paar rothäutige Indianer und ein kasiger Engel. Dem Engel ist ein Fuß abgebrochen, darum haben wir ihn auf ein Motorrad gesetzt, damit er sich leichter tut. Mit dem Motorrad kann er fahren, wenn er nicht gerade fliegt.

Rechts neben dem Stall haben wir ein Rotkäppchen hingestellt. Sie hat eine Pizza und drei Weizen für die Oma dabei. Einen Wolf haben wir nicht, darum lurt hinter dem Baum ein Bummerl als Ersatzwolf hervor.

Mehr steht in unserer Krippe nicht, aber das reicht voll. Am Abend schalten wir die Lampen an und dann ist unsere Krippe erst so richtig schön. Wir sitzen herum und singen Lieder vom Apfent. Manche

gefallen mir, aber die meisten sind mir zu lusert.

Mein Opa hat mir ein Gedicht vom Apfent gelernt und das geht so:

»Apfent, Apfent, der Bärwurz brennt.
Erst trinkst oan, dann zwoa, drei, vier,
dann hauts de mit deim Hirn an d'Tür.«
Obwohl dieses Gedicht recht schön ist, hat die Mama gesagt, dass ich mir es nicht merken darf.

Im Apfent wird auch gebastelt. Wir haben eine große Schüssel voll Nüsse und eine kleine mit Goldstaub. Darin wälzen wir die Nüsse, bis sie golden sind, das Christkindl hängt sie später an den Christbaum. Man darf nicht fest schnaufen, weil der Goldstaub ist dodal leicht und fliegt herum, wenn man hinschnauft. Einmal habe ich vorher in den Goldstaub ein Niespulver hineingetan und wie mein Vater die erste Nuss darin gewälzt hat, tat er einen Nieserer, dass es ihn gerissen hat und sein Gesicht war golden und die Nuss nicht. Mama hat ihn geschimpft, weil er keine Beherrschung hat, und sie hat gesagt, er stellt sich dümmer an als ein Kind. Meinem Vater war es recht zuwider und er hat nicht mehr mitgetan. Er hat gesagt, dass mit dem Goldstaub irgendetwas nicht stimmt, und Mama hat gesagt, dass höchstens bei ihm etwas nicht stimmt. Ich habe mich sehr gefreut, weil es war insgesamt ein lustiger Apfentsabend.

Kurz vor Weihnachten müssen wir unsere Wunschzettel schreiben. Meine Schwester wünscht sich meistens Puppen oder sonst ein Klump. Ich schreibe vorsichtshalber mehr Sachen auf und zum Schluss schreibe ich dem Christkindl, es soll einfach soviel kaufen, bis das Geld ausgeht. Meine Mama sagt, das ist eine Unverschämtheit und irgendwann bringt mir das Christkindl gar nichts mehr, weil ich nicht bescheiden bin. Aber bis jetzt habe ich immer etwas gekriegt. Wenn ich groß bin und ein Geld verdiene, dann kaufe ich mir selber etwas und bin überhaupt nicht bescheiden. Dann kann sich das Christkindl von mir aus ärgern, weil dann ist es mir wurscht.

Bis man schaut ist der Apfent vorbei und Weihnachten auch und mit dem Jahr geht es dahin. Die Geschenke sind ausgepackt und man kriegt bis Ostern nichts mehr, höchstens, wenn man vorher Geburtstag hat.

Aber eins ist gwies: der Apfent kommt wieder.

James Krüss

Weihnachtslied vom Eselchen

Ich bin ein Esel, alt und schwach,
i-a.
Ich habe in der Heiligen Nacht
im Stall von Bethlehem gewacht
und manchmal leis i-a gemacht,
i-a.

Ich war ganz still, wie sich's gehört,
i-a.
Nur manchmal schlug ich mit dem
Steert,
und bei mir standen Ochs und Pferd

und auch drei Könige, hochgelehrt.
I-a.

Das Christkind war so sonderbar,
i-a.
Es zupfte mich an Bart und Haar,
und einmal rupfte es sogar
am Bart vom König Balthasar.
I-a.

Dem Joseph, dem gefällt das nicht,
i-a.
Mit ernstem Zimmermannsgesicht
sieht er das Kindlein an und spricht:
»An Königsbärten zupft man nicht!«
I-a.

Jedoch Maria, seine Frau,
i-a,
die sagte: »Lieber Joseph, schau:
Nimm's mit dem Kind nicht so genau!
Es ist ja noch nicht groß und schlau.«
I-a.

Und auch die Könige, alle drei,
i-a,
die fanden wirklich nichts dabei
und schenkten Myrrhe und Salbei
und rotes Gold dem Kind im Heu.
I-a.

Sie lachten alle drei im Chor,
i-a,
der Caspar und der Melchior
und Balthasar, das war ein Mohr,
der kam mir etwas dunkler vor.
I-a.

Ich bin ein Esel, alt und schwach,
i-a.
Ich habe in der Heiligen Nacht
im Stall von Bethlehem gewacht
und manchmal leis i-a gemacht.
I-a.

Ödön von Horváth

Wintersportlegendchen

Wenn Schneeflocken fallen, binden sich selbst die heiligen Herrn Skier unter die bloßen Sohlen. Also tat auch der heilige Franz.

Und dem war kein Hang zu steil, kein Hügel zu hoch, kein Holz zu dicht, kein Hindernis zu hinterlistig – er lief und sprang und bremste derart meisterhaft, dass er nie seinen Heiligenschein verbog.

So glitt er durch winterliche Wälder. Es war still ringsum und – eigentlich ist er noch keinem Menschen begegnet und auch keinem Reh. Nur eine verirrte Skispur erzählte ein mal, sie habe ihn auf einer Lichtung stehen sehen, wo selbst er einer Gruppe Skihaserln predigte. Die saßen um ihn herum im tiefen Schnee, rot, grün, gelb, blau – und spitzten andächtig die Ohren, wie er so sprach von unbefleckten Trockenkursen im Kloster »zur guten Bindung«, von den alleinseligmachenden Stemmbögen, Umsprung-Ablässen und lauwarmen Telemarkeln. Und wie erschauerten die Skihaserln, da er losdonnerte wider gewisse undogmatische Unterrichtsmethoden!

Klabund

Weihnacht

Ich bin der Tischler Josef,
Meine Frau, die heißet Marie.
Wir finden kein' Arbeit und Herberg'
Im kalten Winter allhie.

Habens der Herr Wirt vom goldnen
Stern
Nicht ein Unterkunft für mein Weib?
Einen halbeten Kreuzer zahlert ich
gern,
Zu betten den schwangeren Leib. –

Ich hab kein Bett für Bettelleut;
Doch scherts euch nur in den Stall.
Gevatter Ochs und Base Kuh
Werden empfangen euch wohl. –

Wir danken dem Herrn Wirt für seine
Gnad
Und für die warme Stub.
Der Himmel lohns euch und unser
Kind,
Seis Madel oder Bub.

Marie, Marie, was schreist du so
sehr? –
Ach Josef, es sein die Wehn.
Bald wirst du den elfenbeinernen
Turm,
Das süßeste Wunder sehn. –

Der Josef Hebamme und Bader war
Und hob den lieben Sohn
Aus seiner Mutter dunklem Reich
Auf seinen strohernen Thron.

Da lag er im Stroh. Die Mutter so froh
Sagt Vater Unserm den Dank.
Und Ochs und Esel und Pferd und
Hund
Standen fromm dabei.

Aber die Katze sprang auf die Streu
Und wärmte zur Nacht das Kind. –
Davon die Katzen noch heutigen Tags
Maria die liebsten Tiere sind.

Quellenverzeichnis / Rechtenachweis

Mark Spörrle, »Umtausch inkognito«
Aus: Mark Spörrle, Aber dieses Jahr schenken wir uns nichts! Geschichten vom weihnachtlichen Wahnsinn

Horst Evers, »Die Weihnachtswurst von Nordenham«
Aus: Mia Morgowski u.a., Lustig, lustig, tralalalala. Witziges zum Weihnachtsfest

Evelyn Sanders, »Weihnachtspost«
Aus: Evelyn Sanders, Alle Jahre wieder ... der gleiche Stress!

Tanja Kinkel, »Der Wind und die Weide«

Toni Lauerer: Endlich wieder geschafft – Weihnachtsgeschichten von Toni Lauerer, 9. Aufl. 2013, MZ Buchverlag in der Battenberg Gietl Verlag GmbH, Regenstauf.
ISBN 978-3-934863-17-0

James Krüss, »Weihnachtslied vom Eselchen«
Aus: James Krüss, Weihnachten im Leuchtturm auf den Hummerklippen